CATALOGUE

D'UNE BONNE COLLECTION

DE TABLEAUX

DES ÉCOLES

ITALIENNE, FLAMANDE, HOLLANDAISE ET FRANÇAISE,

Aquarelles et Gravures.

EXPOSITION PUBLIQUE

Le Dimanche 3 Mars 1850, veille de la vente, de midi à 4 heures.

SIMONET, EXPERT.

PARIS,

IMPRIMERIE DE GUIRAUDET ET JOUAUST,

RUE SAINT-HONORÉ, 315.

1850

CATALOGUE

D'UNE COLLECTION DE

BONS TABLEAUX

DES ÉCOLES

ITALIENNE, FLAMANDE, HOLLANDAISE ET FRANÇAISE,

DONT LA VENTE AURA LIEU

Le Lundi 4 mars 1850, à 1 heure précise,

Hôtel des Ventes mobilières, rue des Jeûneurs, 42,

SALLE N° 3,

Par le ministère de M° DUCROCQ, Commissaire-Priseur,
rue des Bons-Enfants, 26;

Et de M° DE PERTHUIS, Commissaire-Priseur, rue Taranne, 11;

Assisté de M. SIMONET, Expert de la Compagnie des Commissaires-
Priseurs, rue d'Argenteuil, 11.

EXPOSITION PUBLIQUE

Le Dimanche 3 mars, veille de la vente, de midi à 4 heures.

Paris,

IMPRIMERIE DE GUIRAUDET ET JOUAUST,
RUE SAINT-HONORÉ, 315.

1850

AVERTISSEMENT.

La collection dont nous donnons ci-après le catalogue, offre des productions authentiques de peintres renommés; quelques unes proviennent des principaux cabinets, tels que ceux de MM. Saint, Durand-Duclos, Saint-Victor, Héris, Tardieu, Perregaux, Cardinal Fesch et autres.

Les acquéreurs paieront 5 p. 100 en sus des adjudications, applicables aux frais.

Abréviations employées dans ce catalogue.

T. Toile.
B. Bois.
C. Cuivre.

DÉSIGNATION

DES TABLEAUX.

ANDRÉ DEL SARTE (Andrea Vannucchi).

1. — La Vierge, l'enfant Jésus et le petit Saint-Jean.
   Ce tableau provient de la collection de M. le comte
   de Perrégaux, sous le n° 42 du Catalogue. Bois
   épais d'Italie.

ANGUS (William).

2. — Le Chasseur endormi. B.

BESCHEY.

3. — Le Jardin d'amour. T.

BORSOM (Van).

4. — Paysage avec marche d'animaux sur le bord d'une
   rivière. T.

BOUTH ET BOUDEWINS.

5. — Marché de bestiaux au Campo Vaccino, à Rome. T.

BREUGHEL (Pierre).

6. — Paysage-marine, orné de beaucoup de figures à
terre et dans des barques. C.

CARRACHE.

7. — Le Martyr de Saint-Sébastien. T.

CRAESBECKE.

8. — Portrait d'un jeune officier. C.

CUYP (Benjamin).

9. — Pêcheurs sur le bord de la mer, à l'endroit appelé
les dunes de Schieveling. T.

DECKER.

10. — Paysage. Bon tableau orné de plusieurs figures. B.

DELEN (Van).

*11. — Vue intérieure d'un Temple. Figures de Pala-
mèdes. B.

DEMARNE.

12. — Paysage. A la porte d'une ferme sont plusieurs
paysans occupés à divers travaux ; des cavaliers
causent avec eux. T.

Du même.

13. — Étude de paysage traversé par une route. Bois.

DEROY (De Bruxelles).

14. — Animaux au pâturage. Tableau capital de ce maître. B.

DEVRIES.

15. — Chaumières entourées d'arbres et situées sur le
bord d'une rivière. B.

Même genre.

16. — Paysage avec un champ de blé bordé par un che-
min. B.

DOLCI (Carlo).

17. — Le Christ portant sa croix. T.

GAEL (Bernard).

18. — Paysage, Figures et Animaux. B.

Du même.

19. — Halte de cavaliers. Pendant du précédent. B.
Ces deux tableaux sont peints dans la manière de Wouvermans.

GÉRARD (Mlle).

20. — Jeune Dame dans un appartement disposant des fleurs en guirlande et jouant avec des tourterelles. Les fleurs sont de Van Spaendonck. On présume que c'est le portrait de la reine Hortense. Ce tableau provient de la galerie du cardinal Fesch, sous le n° 787 de la seconde vente. T.

De la même.

21. — La Leçon de dessin. T.

HACKAERT (Jean).

22. — Paysage baigné au milieu par une rivière. T.

HARINGS (Signé Daniel).

42 - 23. — Portrait d'homme. T.

ILNMIUS.

41. 1. — 24. — Portrait d'un personnage de la cour de Louis XVI.
T.

JORDAENS (Jacques).

— 26. — Vénus et l'Amour. On ne rencontre que rarement
de la main de Jordaens des tableaux d'une aussi pe-
tite dimension et dont le sujet soit si agréable.
Ce charmant tableau faisait partie du cabinet de
M. Saint. B.

KAISER (Théodore de).

27. — Intérieur d'appartement hollandais.
Ce bon tableau est comparable aux beaux ouvra-
ges de Pierre de Hoog. B.

LABELLE.

46. - 28. — Deux petits tableaux représentant des Batailles.
Les tableaux de ce maître sont on ne peut plus ra-
res. T.

LAIRESSE (Gérard).

20. — La Chasteté de Joseph. T.

LAURRI (Philippe).

30 — Artémise. T.

LIEVENS (Jean Van).

31. — Composition biblique. B.

MIEL (Jean).

32. — Paysans italiens dans une grotte. T.

MOLNAER.

33. — Le Concert bachique. B.

MUSCHER.

34. — Cléopâtre se faisant piquer par un aspic. T.

NEEFS (P.).

35. — Intérieur d'Église, Effet de jour. B.

OSTADE (Adrien Van).

36. — Vue intérieure d'un Village de la Hollande. B.
Ce joli petit tableau provient de la collection
Saint-Victor, sous le n° 186 du Catalogue.

OUDRY.

37. — Renard tenant un coq sous sa patte. T.

PHILIPPE-NAPOLITAIN.

38. — Paysans italiens s'amusant à boire et danser dans la campagne. T.

POEL (Vander).

39. — Intérieur de cuisine. B.

PROCACCINI (Camille).

40. — Nymphe surprise pendant son sommeil.

REGMORTER.

41. — Paysage avec effet de lune. B.

REMBRANDT.

42. — Portrait du Christ. T.

ROBERT-LEFÈVRE.

43. — Le Cheval fondu.

RUYSDAEL (Jacques).

44. — Marine, mer houleuse.
Ce tableau est d'une très belle qualité et conservation. Il rappelle la marine du même maître qui est au Musée du Louvre. B.

RUYSDAEL (Salomon).

45. — Paysage avec animaux au pâturage.

Il est rare de voir un plus beau tableau de ce maître. B.

ROMEYN (Van).

46. — Paysage et Animaux. Effet de soleil couchant. T.

RYCAERT (David).

47. — Intérieur, dans lequel on voit un savetier, sa femme et un apprenti.

Bon tableau.

SLINGERS.

48. — Corbeille remplie de raisin posée sur une tablette. B.

SNEYDERS et VANHERP.

49. — Le Marché aux poissons à Anvers, représentant un épisode de la vie de Rubens : Ce grand peintre, passant sur le marché, aperçoit une charmante jeune femme qui marchandait du poisson ; c'était Hélène Forman, qu'il épousa par la suite.

Toile, H. 1 mètre 95 cent., L. 1 mètre 85 cent.

SOLIMÈNE.

50. — Dieu chassant Caïn après la mort d'Abel. T.

STAVEREN (Van).

81. — Ermite en prière. T.

STOKADE (Nicolas de Helt).

82. — Paysage, avec le sujet de Mercure endormant Argus.

STOOP (Attribué à).

83. — Chasse au lièvre. T.

SWAGERS.

84. — Le Coup de vent. T.

TIEPOLO.

85. — Deux Tableaux faisant pendant. T.

TILBORG.

86. — Chasseur et son chien sur le devant d'un paysage.

VALENCIENNES (P. H.), né à Toulouse.

87. — Paysage historique baigné au milieu d'une rivière qui serpente entre des prairies et des montagnes. On

voit sur le devant des vestales et des prêtres s'avan-
cer solennellement pour faire un sacrifice.
Bon tableau de ce maître. T.

TABLEAUX PAR ET D'APRÈS DIFFÉRENTS MAITRES.

BLUTEAU.

59. — Paysage. T.

BRAKENBURG (Imitation de).

60. — Bohémienne vendant des fioles à une servante.
Intérieur.

CORRÉGE (Genre du).

61. — La Sainte Famille aux anges. B.

CRESPI (Maria).

62. — Le Joueur de vielle. C.

DEHEEM (Attribué à).

63. — Pêches et Raisins posés sur une tablette. B.

DIEPENBEKE (Attribué à).

64. — Diane surprise au bain.

DOW (Genre de Gérard).

65. — La Cuisinière.

LOUTHERBOURG (Attribué à).

66: — Paysage.

MIERIS (Genre de).

67. — Portrait de Femme.

NOOLLI (De).

68. — Paysage. T.

OSTADE (Attribué à Isaac).

69. — Le Buveur dans sa cave.

Même Genre.

70. — Intérieur rustique.

TENIERS (D'après).

71. — Intérieur d'estaminet.

TENIERS (D'après).

72. — La première pipe. B.

WANOUDE.

73. — Saint Jérôme. T.

WOUVERMANS (D'après).

74. — Paysage où l'on voit des bûcherons et deux chevaux. B.

ÉCOLE ESPAGNOLE.

75. — Le passage du bac. Toile.

ÉCOLE ITALIENNE.

76. — Paysage avec ruines. T.
Genre d'Herman d'Italie.

Même École.

77. — Paysage.

ÉCOLE FLAMANDE.

78. — Soldat dans un cabaret.

Même École.

79. — Buveurs dans un cabaret.

ESCHAR.

80. — Les Pêcheurs. T.

81. — Sous ce numéro, seront vendus les tableaux omis, cadres et gravures.